蔡天新 著　李亚男 绘

数学家画传·吴文俊

Wu Wenjun: A Biography in Pictures

华东师范大学出版社

图书在版编目(CIP)数据

数学家画传·吴文俊/蔡天新著；李亚男绘. —上海：华东师范大学出版社，2019

ISBN 978 - 7 - 5675 - 9154 - 7

Ⅰ.①数… Ⅱ.①蔡…②李… Ⅲ.①吴文俊（1919—2017）-传记-画册 Ⅳ.①K826.11 - 64

中国版本图书馆 CIP 数据核字（2019）第 076488 号

数学家画传·吴文俊

著　　者　蔡天新
绘 图 者　李亚男
策划编辑　倪　明
责任编辑　汤　琪
责任校对　时东明
装帧设计　高　山　张　萍

出版发行　华东师范大学出版社
社　　址　上海市中山北路 3663 号　邮编 200062
网　　址　www.ecnupress.com.cn
电　　话　021 - 60821666　行政传真 021 - 62572105
客服电话　021 - 62865537　门市（邮购）电话 021 - 62869887
地　　址　上海市中山北路 3663 号华东师范大学校内先锋路口
网　　店　http://hdsdcbs.tmall.com

印 刷 者　苏州工业园区美柯乐制版印务有限责任公司
开　　本　890×1240　24 开
印　　张　5
插　　页　6
字　　数　80 千字
版　　次　2019 年 7 月第 1 版
印　　次　2019 年 7 月第 1 次
印　　数　5100
书　　号　ISBN 978 - 7 - 5675 - 9154 - 7/G·12061
定　　价　38.00 元

出 版 人　王　焰

（如发现本版图书有印订质量问题，请寄回本社客服中心调换或电话 021 - 62865537 联系）

序言

君子豹变，其文蔚也。

——《易经·革卦》

　　吴文俊先生是大数学家，他大学毕业时正逢抗日战争，在沪上做过六七年的中学老师，也曾在杭州的之江大学代课。后来他留学法国，获得博士学位后回国。吴先生在拓扑学、中国古代数学研究和数学机械化三大领域均作出杰出贡献，38 岁当选中国科学院学部委员（院士），2000 年，他与水稻专家袁隆平一起，获得了首届国家最高科学技术奖。可是，每当有人说他是天才时，吴先生都会报之一笑，说自己是一个笨人，同时补充道，数学是笨人学的。

　　吴文俊先生除了喜欢数学，还从小爱看闲书，可以说是博览群书，他还爱看电影和话剧。吴老拥有一颗顽童的心，78 岁时曾让一条蛇缠绕在自己身上，83 岁时曾骑到大象的鼻子上，90 多岁时还曾自己打车去商场看电影，然后去星巴克喝咖啡。晚年他在口述自传里说："对童年和少年时代，我记忆最深的就是父亲的书和泡在书里的那些日子。"

　　吴文俊先生性格温和，为人谦逊。即便是在那个动乱的年代，他也没有被扣上"反动"的帽子，没有被批"里通外国"，也没有被关进"牛棚"，所以有人说他是大智若愚的人。他甚至可以抽身，带着九岁的独生儿子，坐绿皮火车到南方"串联"了将近一个月，那是在 1969 年。他们去了许多地方，包括杭州西湖，年轻时他曾在那里教过书。父子俩一边玩耍，一边品尝各地风味小吃。

　　吴文俊先生不仅什么都明白，而且非常懂得感恩。正因为如此，他是个有福之人，每逢人生的关键时刻，总会遇到朋友或贵人指点、相助。因此，吴先生有着松柏之寿，也是非常自然的。他是上个世纪 50 年代当选学部委员的 190 位杰出科学家（另有社会科学家 64 名）里最后一位辞世的，享年 99 岁，他的离去意味着一个时代的结束。

　　笔者虽只在 20 多年前与吴老先生有过一面之交，但仍记着他的风采和人格魅力。那是在 1996 年冬天，吴先生应邀参加台湾的一个数学年会。那次笔者也有幸受邀，与吴老一同出席，且我们是仅有的两位大陆同行。吴老先生平易近人，我们常私下里聊天，并一起游览了风光旖旎的日月潭。回来以后，我们也曾有过函件往来，非常遗憾的是，我没有保存好吴先生的墨宝。

在吴文俊先生去世一周年之际，我为《数学文化》杂志撰写了一篇纪念他的长文，后收入中信出版社出版的随笔集《带着数字和玫瑰旅行》（2018）中。2019 年 5 月 12 日是吴先生诞辰 100 周年纪念日，京沪两地都有隆重的纪念活动，我也将文章作了改编，由华东师范大学出版社推出这本《数学家画传·吴文俊》。插画师李亚男女士为本书花费了心血，她的堂妹李丹同学是我的研究生，不幸在浙大读研期间因患结肠癌早逝，本书的出版也是我们对她的纪念。

要感谢的还有吴文俊先生的家人，同事郭雷院士、弟子高小山教授和西北大学曲安京教授等数学同行，他们对吴老不同时期的形象以及书中出现的其他人物的形象等提出了宝贵的意见和建议。还有远在深圳的汤涛院士的鼓励，他很早就托人寄给我《走自己的路——吴文俊口述自传》。对我个人来说，出版绘本是第一次尝试，如果读者喜欢，拙作《数学传奇》里应该还有更多的人物素材可以挖掘。

蔡天新
2019 年春于杭州西溪

目录 *catalog*

数学是笨人学的

——吴文俊

1

上海民厚里的童年

数学家吴文俊先生的故乡在江苏省青浦县（今上海市青浦区）朱家角镇。青浦位于上海市西南角，系江浙沪两省一市交界处。青浦原本隶属苏州市，南与浙江省嘉兴市嘉善县接壤。而吴先生的祖籍正是嘉兴，他的爷爷是个秀才，却始终没能做上官，后来主要靠教私塾养家糊口。有一年，爷爷奶奶为了躲避战乱，携全家迁到了青浦县朱家角镇。

03

朱家角镇地处偏僻，又是个小地方，因此很少有战事波及。也正因为如此，如今镇上有较多古迹保存下来。朱家角镇属于中国历史文化名镇，也是上海四大古镇之一，仅列金山区枫泾镇之后，后者也邻接浙江省。比起吴家来，吴文俊母亲的家族要殷实许多，他们主要从事小手工业。1919 年 5 月 12 日，吴文俊在朱家角镇呱呱坠地。

文俊小时候，几乎每年清明节，都随家人返回嘉兴祭祖。但他似乎记不得具体的地点，只记得要坐手摇的木船，慢慢地"漂"到嘉兴。他的父亲年少时朴实好学，虽说家里经济情况有点糟糕，可是按照江南一带的民间传统，一个不甚富裕家庭有出息的男孩，常常会得到家族或乡绅的财力支持。正是在外祖父家族的资助下，他的父亲得以进入南洋公学，并读完了预科。

　　南洋公学是交通大学的前身，文俊的父亲英文基础非常扎实。毕业以后，他在上海的书局、报馆做翻译。19世纪末的上海便有数千老外居住，那时，上海早已成为中国最开放、最繁华的大都市了。其时，肇始于上海的著名出版社——商务印书馆、中华书局已经诞生，出版了大量好书。吴家有许多藏书，文俊孩提时代印象最深的便是父亲的藏书室。

从文俊记事起，他家就在上海哈同路（今铜仁路）民厚里。民厚里是石库门的典型代表，就像四合院是老北京的典型建筑。民厚里住着不少有名的画家和作家。文俊是长子，下面有一个弟弟和两个妹妹。弟弟文杰聪明可爱，幼时不幸从楼梯上摔下，起初好像没事，后来夭折了。文俊成了独子，受到父母的加倍关爱。即使上小学以后，父母为了安全，通常也不让他和弄堂里的孩子们随意玩耍。

　　文俊上的小学叫文蔚，这个词出自《易经》："君子豹变，其文蔚也。"意思是说，君子应该向小豹子一样慢慢成长，长出好看的花纹，拥有高尚的品格。文俊喜欢看《儒林外史》那类大人书，还有电影，这让他的性格变得豁达。他记得梁启超的话，"英雄只在落后的国家才有"，联想到"数学王子"高斯（见图）出道时，德国数学还很落后，后来德国出了许多数学家，却再也没有出现"高斯"了。

2

数学零分的中学生

10 岁那年，文俊从文蔚小学毕业，但父母觉得他还太小，又让他念了一年小学。1930 年，11 岁的吴文俊上初中了。第一年是在离家较近的铁华中学，学费贵，教学质量却很差，校长为了节约开支，常常是实习期一结束就把老师打发走。后来文俊生了一场类似于伤寒的大病，病愈后进了另一所私立学校，叫民智中学，在今天的威海路。

文俊念初二时，他们还在学文言文，主要是六朝开始流行的"骈文"，以初唐诗人王勃的《滕王阁序》为代表，这篇文章长期在中学《语文》课本中出现，其中有句"秋水共长天一色"名闻遐迩。据记载，南宋大数学家秦九韶也喜欢这种文体。不料初二寒假期间，日军对上海进行了大轰炸。因为担心宝贝儿子，吴家回老家朱家角躲了好几个月。

可是，市区的学校并未停课，等到吴家返回城里，文俊的功课被落下一大截。语文还好说，数学就根本听不懂了，于是他干脆不听，在下面看小说。结果呢，期末考试得了零分。这个零分对少年文俊是有警示意义的。暑假期间，学校为那些因为躲避轰炸落下课的同学补课。老师让学生轮流来黑板前做题，并当场评判。方法果然奏效，文俊很快掌握了几何的基本内容和方法。

　　1933 年秋天，文俊进了徐家汇附近私立的正始中学念高中，这所学校的出资人是上海滩大老板杜月笙，校长是国民党元老级人物陈群。相对而言，初中时的文俊比较随性，而高中是他真正用功的三年，特别是学习数学和英文。他尤其钟爱几何，除了初中时的那次暑假补课经历，还因为高中时的一位数学老师。那位老师的福建口音让其他同学望而却步，但对文俊来说却非如此。

　　文俊遇到一位很优秀的会打排球的英语老师，学会了英语阅读和写作，还看了不少英文小说，包括大仲马的《基督山恩仇记》、《三个火枪手》等。至于听与说，则要等到大学时代。值得一提的是，文俊念高中时喜欢看话剧，他最喜欢的演员是《雷雨》中鲁贵的扮演者石挥。这有点像如今的追星族，不同的是，文俊除了看戏还看剧本，尤其是戏剧家洪深的作品。

除了数学和英文，文俊的物理成绩也不错，有次还考了满分，他特别喜欢力学，哪怕动手能力不太强。不过，物理老师却告诉校长，说文俊之所以物理成绩好，是因为数学功底好。

于是校长要求他报考交通大学数学系，且答应考上了就给100大洋的奖学金。那时交大学费需要30多大洋，文俊家里拿不出，于是他只好听凭学校安排。初夏的一天，他收到了交大的录取通知书。

交通大学 1921 年才正式由南洋公学改名，在中国已经算很早了。在晚清时期，国人习惯把最北面的辽宁、河北、山东沿海三省称为"北洋"，而把江苏和江苏以南沿海地区称为"南洋"（可见当时中国的版图重心偏北）。至于"交通"一词，据说也来源于《易经》，"天地交而万物通"，而校庆日四月八日有四通八达之意。另一方面，民国时期交大的主管部门是交通部，那时候交通部的职能范围除了"有形之交通"，还有"无形之交通"，包括通商、外交、邮政、电信、旅游等等，故而交通大学也为综合性大学。

说到南洋公学，中国第一位数学博士胡明复（1917年毕业于哈佛大学）（见下页图左）便出自该校。1910年，他与胡适、赵元任等作为庚子赔款第二届留美生，从上海乘船出发，入纽约州的康奈尔大学学习（那时巴拿马运河尚未开通，他们远赴纽约的旅途可谓辛劳），他和赵元任念的是文理学院，而胡适起初念的是农学院，两年后才转到文理学院。回国以后，胡明复去了大哥胡敦复（见下页图中）首任校长的上海大同大学，创办并主持数学系，同时也在母校南洋公学兼职。不幸的是，1927年，他在故乡无锡溺水身亡，年仅36岁，这是中国数学的一个损失。不然的话，吴文俊应该会结识他。

　　在吴先生晚年的口述自传中，曾多次提及他的微积分老师胡敦复。1930 年胡敦复卸任大同大学校长，改任交大数学系主任。1935 年，胡敦复联合北京大学的熊庆来、冯祖荀，重庆大学的何鲁，浙江大学的陈建功、苏步青等人，成立了中国数学会，并被推选为首任董事局主席。胡家老三胡刚复（见上图右）则是物理学家，庚子赔款首届留美生，也是哈佛大学博士（1918），他曾是抗战时期浙江大学西迁时的理学院院长。当年竺可桢先生动员他出马时声称，假如胡刚复不出来做院长，他这个校长也不会上任。

　　说到吴文俊（见图）的大学生活，笔者前不久刚读了英国哲学家伯特兰·罗素的传记上部《孤独的精神》，从出生写到 1921 年为止，他大学时念的也是数学。中文版有八百多页，但是第二章"剑桥"一共才 12 页。巧合的是，《走自己的路——吴文俊口述自传》（邓若鸿、吴天骄访问整理，湖南教育出版社，2015）有四百多页，第三章"大学"也只有 12 页。本文的写作，有不少素材取自于吴先生的口述。这部自传的整理者之一吴天骄是吴老的独子，现任中科院数学与系统科学研究院工程师。

交大的理学院开设于 1930 年，包括数理化三个系。数学系规模最小，前三届总共只招了四名学生。吴文俊是 1936 年入学的，除了他，班上还有一位宁波来的男生赵孟养，后者成了他的终生好友，有几次重要的人生机遇得益于这位赵同学的无私相助。因为人数少，三个系的同学在一起上课，吴文俊记得班上有四个女生，其中一位叫陆正的化学系女生是理学院的高考状元，后来她去了台湾。在理学院 1940 届毕业照里，大多数同学都笑脸盈盈，戴眼镜的吴文俊在第一排的边上，更显得书生气十足。

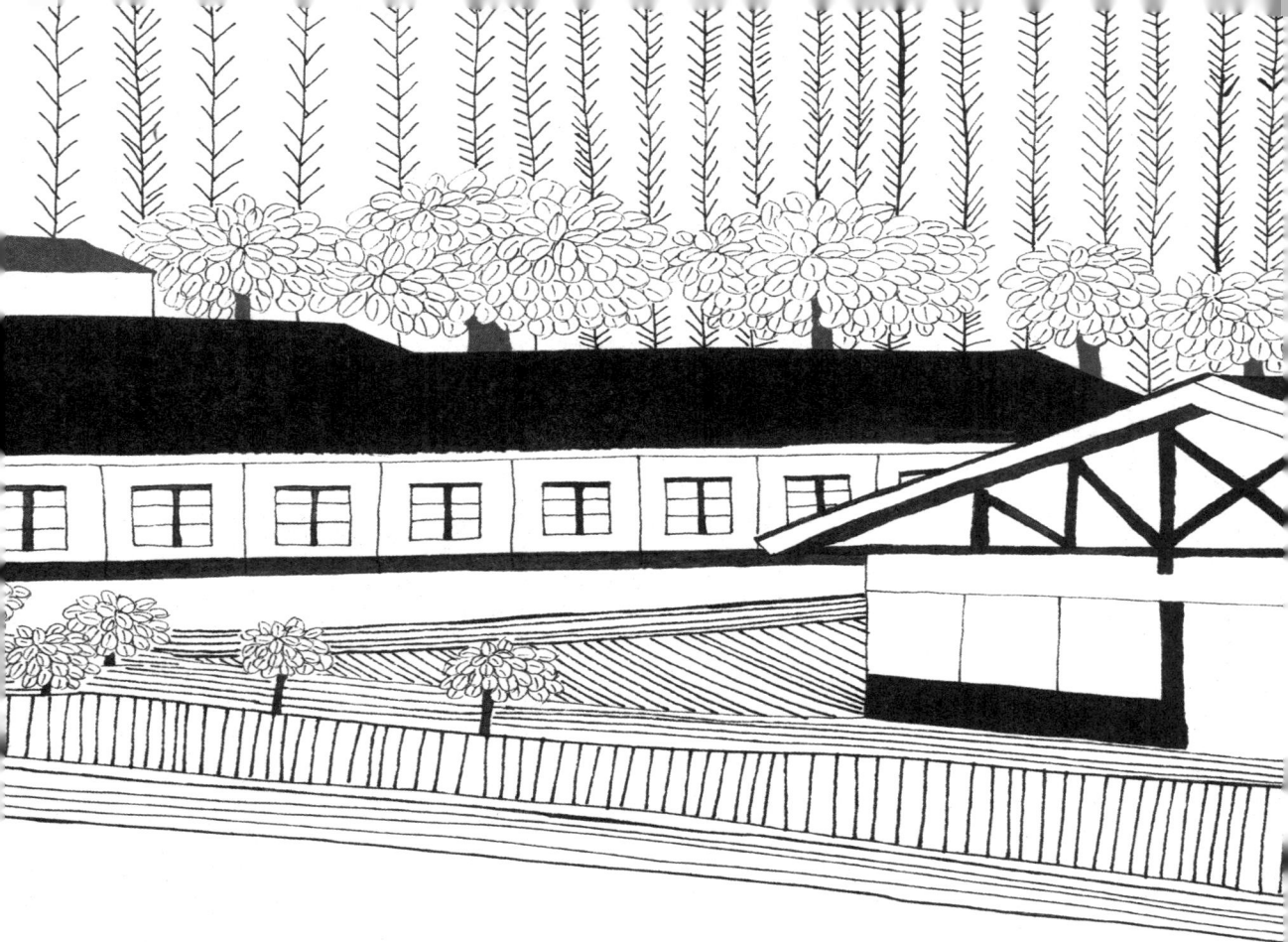

吴文俊大一时在徐家汇即如今的上海交通大学徐汇校区上课。读大学第二年时爆发了卢沟桥"七七事变"，激战三个月的"淞沪会战"后，上海沦陷了。江浙沪的大部分大学都向内地转移，交大的主体部分也搬到了陪都重庆，但是还有一部分留在了上海的租界内。吴文俊因为是家中独子，父母让他留在了上海，吴家也搬到了租界。那时上海有日租界、法租界和英租界（公共租界），后面两个合称为"孤岛"。交大在南边的法租界，吴文俊的大二下学期和大三、大四都是在法租界度过的。

说到法租界和英租界，有一个掌故，便是如今中国的许多城市街道上都有的法国梧桐并非来自法国，或者说法国没有这个名称的树木。原来，在当时上海的法租界和英租界都栽有悬铃木，这是世界驰名的行道树，有着"行道树之王"的美誉。可是品种略有不同，英租界是二球，法租界是三球。不知是谁开的头，上海人就分别称它们为"英国梧桐"和"法国梧桐"。可能因为英租界的地盘和栽种范围不及法租界，英国梧桐渐渐被遗忘了，而法国梧桐的名称却一直沿用至今，并在南北方推广传播开来。

虽说"孤岛"的教学环境艰苦、生活不安定，师资也不如以前，吴文俊原本打算转系，但是大三开始数学系单独开课以后，他遇到一位教实变函数论的老师武崇林副教授。武老师循循善诱，还在自己家里给他开小灶，并借给他一本印度出版的英文著作《代数几何》。这门课向他开启了现代数学的大门，他终于真正喜欢上了数学。随后时光过得很快，他研读了集合论、点集拓扑和代数拓扑的经典著作，有些还是德文原版。

那时候数学界流传着一句话，"打起你的背包，去到哥廷根"。事实上，在"数学王子"高斯和黎曼的母校，克莱因和希尔伯特已经建立起崭新的哥廷根学派，为此，吴文俊在交大时刻苦学习德语。对南洋公学或交通大学喜欢数学的学生来说有一个榜样，那就是浙江余姚人朱公谨（1902-1962），他小学毕业后进入了南洋公学，后来考取清华，再后来留学哥廷根，在希尔伯特的得意弟子库朗指导下完成博士论文。朱先生回国后执教交通大学等校，写过不少介绍现代数学的科普文章，吴文俊每篇必读，那时的他对波兰学派和苏联学派便已有所了解。

吴文俊的学习方法是"读学懂"。所谓"读"是课本本身，"学"是指合上书自己能推导课本里的定理，而"懂"是指弄清楚所有概念和定理之间的相互关系。他大学毕业论文的题目是《用力学方法证明帕斯卡尔定理》，多年以后，他写过一本名为《力学在几何中的一些应用》（先后被多家出版社出版）的小册子，便是大学毕业论文的延展。华罗庚曾赞叹："这本书比十篇论文都好。"此书后来与华罗庚、段学复、姜伯驹、冯克勤等的科普著作组成"数学小丛书"一起荣获了国家科学技术进步奖二等奖（2010）。吴文俊大学毕业时，他已经有成为数学家的志向和自信心了。武老师想帮助吴文俊留校，可惜因为他本人地位不高，又没有留过洋，说话不甚管用。

4

动荡，知遇与上路

　　1940 年，21 岁的吴文俊大学毕业了。接下来的六七年时间里，他本可以继续深造或做研究工作，却不幸遇到黑暗的岁月。吴文俊先后在上海的两所中学任教，他任教的第一所中学叫育英中学，教初一代数，每周上二十几节课，还兼教务。每天清晨他要跑到学校去点名，看同学们早自习了没有。至于教学，吴老一直觉得自己教不好"负负得正"这一基本概念，为此到了晚年仍然内疚。1941 年 12 月 7 日，发生了"珍珠港事件"。消息传来，教务室里鸦雀无声，过了许久，教务处长长叹一声"覆巢之下"。果然不久，日军占领了上海各租界，育英中学解散，吴文俊失业了。

那以后，巡捕房还是照旧巡夜查房，不过换了主子而已。吴家在法租界只有一个大房间，因为有两个妹妹，文俊就睡在小阁楼上。有一天夜里，巡捕巡查到了吴家。他们进屋看到小阁楼，见那么狭小的空间里，还摆放着一个书架，其中一人就说："没什么可查的，这是一个书香之家，就知道死读书。"于是，瞄了几眼就走了。那些巡夜的人本是中国人，对日本人表面上不敢违抗，可是心里还是反对他们的。而吴文俊本人因为痛恨日本人，拒绝学日语，不过后来他认为那是个错误的想法。

　　在家待业半年以后，吴文俊又找到一份工作，那是在培真学校，小学加初中。他还是教加减乘除，还是兼职做教务点名。那些年数学研究自然是谈不上，白天没有时间，晚上家里头挤，还要早睡，因为父亲第二天要早起上班。不过在学校里，同事们相处还比较愉快，大家无话不说。可是有一次，老师们看见他捧着一本德文书，便与他保持了一定的距离，因为德日同属轴心国。直到有一天，他帮助一位同事解出了一道数学难题，大伙儿才又把他当成自己人了。

1945 年 8 月，日本投降了。这一年的秋季学期，吴文俊在杭州的之江大学做了代课老师。之江大学是民国时期 13 所教会大学之一，1952 年解散。这是吴文俊第一次在大学任职，他在钱塘江畔、六和塔旁如今的浙江大学之江校区度过了四个多月的时光。他当年的宿舍是现在称为白房子的那幢可以看见钱塘江的楼房，而红房子则是外国教授的住宅，曾经的主人有老校长司徒华林，他是在杭州出生的燕京大学校长、民国最后一任美国驻华大使司徒雷登的弟弟，这位哥哥从北平来杭州看望弟弟时也住红房子。

1916 年，司徒华林上任之初，便下令在校内两座山坡间的山涧上架设一座独木桥，一个世纪后的今天这座桥依然存在，被浙大同学戏称为"情人桥"，有好几部电影在此取景。那时的校长叫李培恩，是杭州本地人，曾留学芝加哥大学和纽约大学，用英文讲授经济学。之江大学的数学估计不是太强，有一位吴文俊的同龄人张理京曾就读于之江大学，他后来翻译了不少数学名著，包括莫里斯·克莱因的《古今数学思想》首卷。而那会儿，之江大学校友、莎士比亚的中文译者朱生豪先生已英年早逝。

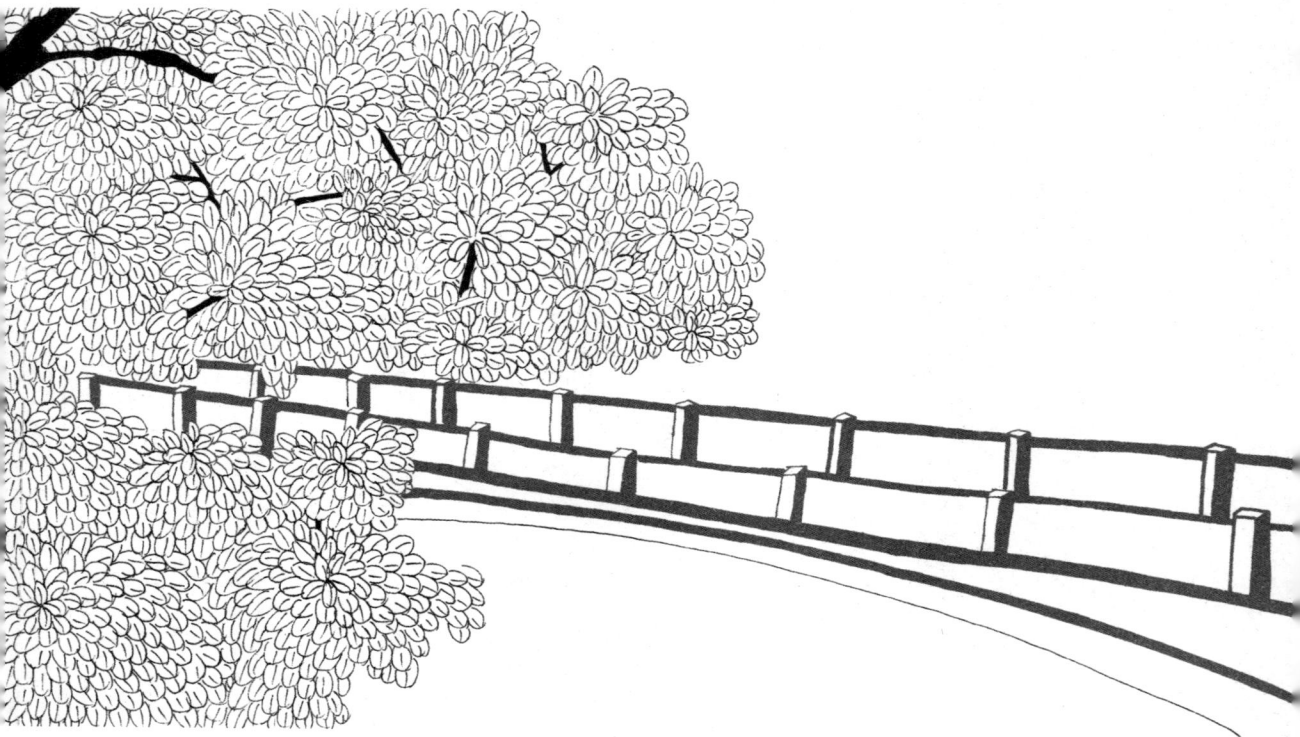

　　虽说孕育了"陈苏学派"的浙江大学那时还没有从贵州迁回杭州，但交大同学赵孟养还是通过自己的亲戚把吴文俊的大学毕业论文呈现给了几何学权威苏步青，也许想帮助他在浙大找份工作。只是多年以后，苏步青才给吴文俊以回应，"真是篇好文章"，那会儿吴文俊早已从巴黎载誉归来。赵孟养还趁吴文俊放假回沪之际，设法把他介绍给朱公谨和周炜良两位数学家，他们已分别获得德国哥廷根大学和莱比锡大学博士学位。在看过吴文俊的一篇文章后，周炜良评论说"杀鸡焉用牛刀"。这让吴文俊明白，数学研究过程中问题的重要性。

1945 年岁末，交大主体还留在重庆，但在上海已办起了临时大学。还是那位赵同学，慷慨地把自己在母校取得的助教职位让给吴文俊。翌年春天，国民政府招考赴法留学生，又是赵孟养第一时间把消息告知老同学。那年夏天，赵孟养还介绍他去见陈省身。其实，赵同学并不认识陈省身，就像他不认识周炜良一样，而是凭着自己的交游才能和热情，委托他人代为引荐好友。这类会面有点类似于诗歌圈，一位青年诗人拜会一位名诗人时常用的方式。

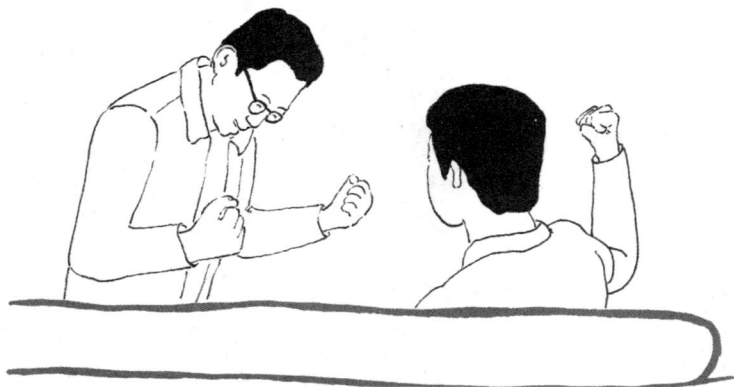

　　那会儿陈省身只有 35 岁，却已经名声远扬。他在美国数学圣地普林斯顿作出了不起的成就，特别是给出"高斯－博内公式"的内蕴证明，同时引入陈省身示性类，使得"微分几何进入了新时代"。抗战胜利后他回到祖国，奉恩师姜立夫之命在上海筹建中央研究院数学研究所。陈先生住在徐家汇附近的一条小弄堂里，吴文俊见到他时只回答他的提问，临别之际才鼓起勇气询问数学所是否要人？答复是"你的事我会记在心上"。果然不久，吴文俊进了数学所，地点在靠近枫林桥的岳阳路，从此他走上了数学研究的康庄大道。

筹备数学所之初，陈先生便给各大学数学系发函，希望推荐最近三年的优秀毕业生。以这种方式来数学所的有十多位，尤以浙江大学居多，此外还有西南联大、武汉大学、四川大学、中山大学和大同大学的毕业生，他们中的许多人后来成为中国数学的中坚力量。在数学所，除了听陈先生讲代数拓扑外，其余时间放任自由，吴文俊的办公桌就在图书馆，他因此阅读了不少数学书。有一天，陈先生来到图书馆，他跟吴文俊说，你书看得够多了，现在应该"还债"了。

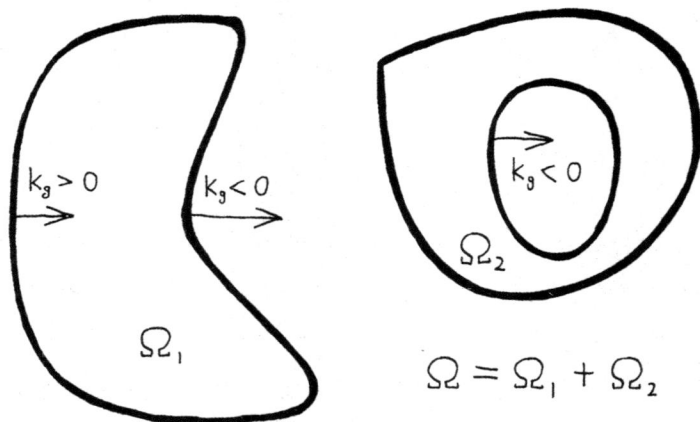

$$\Omega = \Omega_1 + \Omega_2$$

　　原来，陈省身说的"还债"是指写论文。吴文俊被逼出的第一篇文章是关于对称积在欧氏空间中的嵌入问题，被陈师推荐到巴黎的《法国科学院周报》（*Comptes Rendus*）上发表了。尤为重要的是，陈师把吴文俊从他擅长的点集拓扑引导到更有发展空间的代数拓扑上。陈省身敏锐地意识到代数拓扑在现代数学中的位置，以及即将对其他数学分支所产生的深刻影响，相信它会成为数学的主流学科。事实上，陈省身本人后来参与开创了大范围或整体微分几何，其关键性的工具正是代数拓扑里的纤维丛和示性类。

示性类理论里有一个最基本的惠特尼乘积公式，一直缺少一个严格的证明，陈先生在讲课时希望有人能够给予证明。1947年春天，陈省身北上清华大学讲学，他带着两个年轻人吴文俊和曹锡华一起进京。曹锡华原来就读于贵州时期的浙江大学，后留学美国密歇根大学获得博士学位，回国后曾任教浙大，随后在华东师大建立起一个新的数学据点。而吴文俊利用在清华的闲暇，证明了惠特尼公式，发表在美国最主要的数学杂志《数学年刊》上，这是他的第一个重要成就，他终于上路了。

5

法兰西的灿烂岁月

　　吴文俊到中央研究院以后，便把春天参加的留法选拔考试一事给忘了。没想到第二年发榜，他考中数学组第一名。当年共有四人考中，其他三人是严志达、田方增和余家荣，他们来自西南联大和南京大学。陈省身认为巴黎太过喧闹，建议他去法德边境的斯特拉斯堡大学师从亨利·嘉当，陈师是其父亲埃利·嘉当的学生，并为吴文俊写了一封推荐信。

在南京参加两个月的培训之后，吴文俊一行四人从上海乘船出发了。航线与别的留法同学走的不完全一样，没有在马赛上岸，而是穿越直布罗陀海峡到了利物浦，随后经过伦敦，穿越英吉利海峡抵达加来。从那里他们坐火车去巴黎，再转斯特拉斯堡。有趣的是，当时的法国教育官员看到吴文俊手上有嘉当的邀请信，就不管专业是否对口，把其他三位也都派往斯特拉斯堡大学。

这三位同学中，只有严志达坚持下来，两年后他与吴文俊一起获得博士学位。回国后任教于南开大学，后当选为院士。田方增和余家荣后来转学巴黎大学，之后分别任职于中科院数学所和武汉大学。虽说吴文俊的英文和德文都很好，但他曾留学四年的法兰西的语言却没有学好。他自称自己擅长的理性思维不适合浪漫的法语，另一个可能的原因是，他到法国时已经 28 岁了。

吴文俊喜欢德语的严谨和刻板，那也是他的个性。不巧的是，当他来到斯特拉斯堡，亨利·嘉当受聘去了巴黎高等师范学校，把吴文俊托付给同事，也是父亲老嘉当的学生埃瑞斯曼（见图）。没想到阴差阳错，吴文俊因祸得福跟对了导师。因为后来的事实表明，他与嘉当之间，无论研究内容还是思想方法都存在差异，在短时间内不容易磨合。

在斯特拉斯堡期间，吴文俊继续研究拓扑学中的示性类问题。按照法国的习惯，导师一般不先给学生出题，而是让他们自我摸索，作出一定成果后向导师汇报。之后导师才会给学生深入的意见，甚或博士论文的题目或方向。当时，流形上是否存在复结构是大家关心的问题，而复结构存在的必要条件是近似复结构的存在与否。

$V = Sq\,X, X \in H$

$V_1 + \cdots + V_n$

X

H

S

H

M

$V = S$

$V = 1 + V_1 + \cdots + V_n$

从示性类出发，吴文俊证明了凡维数是 4 的倍数的流形均无近似复结构，因此也没有复结构。这个问题的解决在拓扑学界引起的震动不小，以至于当时的拓扑学顶级权威霍普夫深表怀疑，他特意从瑞士的苏黎世跑到斯特拉斯堡和吴文俊面谈。结果，霍普夫被吴文俊折服了，转而邀请他去苏黎世联邦理工大学访问。

1949 年 7 月，吴文俊以《论球丛空间结构的示性类》通过了法国国家科学博士学位答辩。由于他埋头研究拓扑学，在离开时尚未逛过斯特拉斯堡这座城市。多年以后，他有机会重访故地，想看看当地的风土人情，可惜仍没有找到时间。斯特拉斯堡是欧洲议会所在地，夜晚河巷的灯火异常美丽。而斯特拉斯堡大学还是德国大诗人歌德的母校。

1949 年秋天，吴文俊来到巴黎，跟亨利·嘉当（见上图）学习、工作了两年，相当于博士后。他在巴黎做了非常了不得的工作，被称为"吴方法"，成了拓扑学界名人。倒不是因为嘉当先生指导有方，这位布尔巴基学派的创始人和领导者的学术水平自然很高，但布尔巴基学派的那一套，吴文俊始终不大能接受。吴文俊猜测因为自己是陈省身推荐的，才没有被辞退。

布尔巴基学派
的
兴衰

吴文俊一面参加嘉当的讨论班，一面独立做研究。他租的旅店在第五区，也就是拉丁区。许多学校、研究所都在那儿，包括索邦大学、巴黎高师和庞加莱研究所。他的房间在半地下，白天很暗。于是，附近一家叫麻油的咖啡馆成了吴文俊的书房。他上午睡懒觉，下午参加学术活动，夜里就到那家咖啡馆，在一个角落里思考数学问题，通常不到下半夜他是不会回旅店的。

翌年春天，吴文俊已经硕果累累。他和嘉当的另外两个学生塞尔（见图左二）、托姆（见图右二），还有那位瑞士人霍普夫的学生 A•波莱尔（见图右一），被誉为拓扑学界的"四大天王"。他们四个人的工作合在一起，引起的轰动被数学界称为"拓扑地震"，其中，塞尔和托姆分别于 1954 年和 1958 年获得数学界的最高奖——菲尔兹奖。

塞尔获奖时年仅 27 岁，迄今仍保留着最年轻获奖者记录，并且是新世纪设立的阿贝尔数学奖的首位得主，而托姆的获奖工作引用了吴文俊多篇论文。晚年吴先生依然相信，在那场拓扑地震中，他本人的工作震荡最激烈。同时有一些人认为，假如吴文俊不那么早回国，他必定也能获得菲尔兹奖。那么，他在巴黎做了什么工作呢？

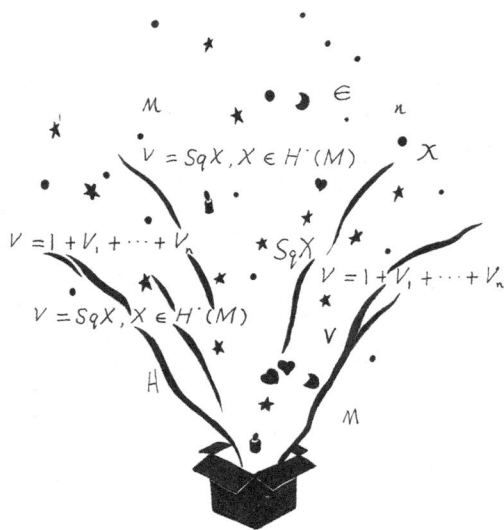

拓扑学主要研究几何图形连续变形时保持不变的性质，示性类是一种基本不变量，著名的有斯蒂弗尔－惠特尼示性类、庞特里亚金示性类、陈省身示性类。吴文俊命名了陈示性类，同时定义了吴示性类，使计算变得容易，被称为吴（第一）公式；同时，他还揭示了各示性类之间的相互关系，被称为吴（第二）公式。对此，嘉当给予高度评价，说他的工作像是变戏法或魔术。

6

回国，荣誉与徘徊

　　1951年夏天，美国普林斯顿大学聘请32岁的吴文俊为正教授。可是，当聘书寄到巴黎时，他已经在回国的轮船上了，之前他已是法国国家科学研究中心（CNRS）的副教授。那会儿的中国已换了人间。吴文俊回国的原因应是多种多样的，也许，自小接受的传统文化熏陶应该是主要的。那年他已经32岁，尚未婚娶。

轮船从马赛港出发，穿过地中海、红海、印度洋和马六甲海峡，原本要在香港停留，可船到香港时，还没下船吴文俊就被边防警察招呼上了一艘小汽船，然后被直接送到广州，从那里再坐火车回到阔别多年的故乡上海。稍后，吴文俊抵京的第一站是北京大学，他兑现了中国拓扑学元老、北大数学系主任江泽涵访问斯特拉斯堡时的邀约。

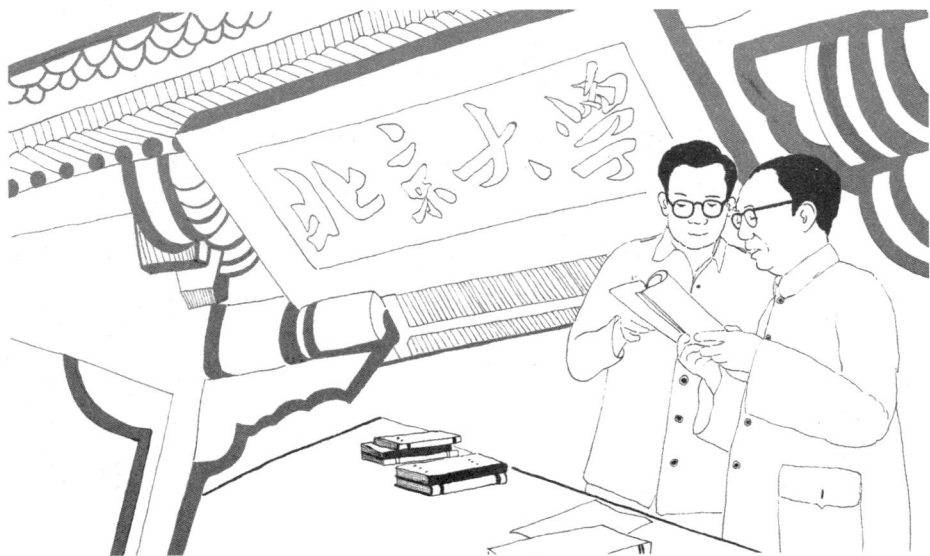

1952 年是中国大学最动荡的一年，吴文俊离开了北大，去了设在清华园一幢两层楼房里的中科院数学研究所任研究员，所长是华罗庚。那时数学所只有十几号人，包括远在江南的陈建功、苏步青。按照王元先生的《华罗庚》一书记载，那时关肇直还是副研究员，冯康还是助理研究员，而陆启铿、王光寅、丁夏畦、王元、龚昇和胡和生等还只是研究实习员。

　　翌年春天，34 岁的吴文俊到上海出差，经亲戚介绍，认识了在电信部门工作的姑娘陈丕和，她会英文和法文。两人一见钟情，几天后（一说是半个月后）就结婚了，可谓是"闪婚"的先驱。年底夫人调至北京，起初在六机部电信局，后换到数学所图书馆，业余时间帮助吴文俊打印外文论文。同时，接连生下四个儿女，并承担了全部家务。

　　1956 年冬天，数学所搬到动物园附近的西苑大旅社，两年后又迁至中关村。1957 年以前，中国的科学家和人文学家们尚有一段相对安静的时光，吴文俊继续着他的拓扑学研究。但由于那时只能与苏联和东欧国家进行学术交流，这些国家的拓扑学研究相对落后，而西欧和美国的研究突飞猛进，因此他也感到迷惘和徘徊。

吴文俊想到了法国数学家、拓扑学奠基人庞加莱的话："如果我们想要预见数学的未来，适当的途径是研究这门学科的历史与现状。"于是，他对拓扑学做了一次全面的回顾，并在所里做了一场学术报告。不变量可谓"难中之难"，于是人们降低难度，把 1–1 对应换成 n–1 对应。吴文俊却反潮流，研究嵌入问题，建立起了示嵌类理论，且成就斐然。

$$\xrightarrow{\delta_{\bar{p}}} H^n(img\ p) \xrightarrow{\delta_p} H^{n+1}_1(ker\ p) \xrightarrow{\delta_{\bar{p}}} H^{n+2}(img\ p) \xrightarrow{\delta_p}$$

$$\Big\uparrow{n^*} \qquad \Big\uparrow{\bar{\pi}^*} \qquad \Big\uparrow{\pi^*}$$

$$\xrightarrow{\mu_{n-1}} H^n(\bar{K},G) \xrightarrow{\mu_n} H^{n+1}(\bar{K},\oplus_p^o C) \xrightarrow{\mu_{n+1}} H^{n+2}(\bar{K},G) \xrightarrow{\mu_{n+2}}$$

$$\begin{array}{ccc} \bar{X} & \xrightarrow{\bar{f}} & \bar{Y} \\ \Big\downarrow{\pi X} & & \Big\downarrow{\pi Y} \\ \bar{X} & \xrightarrow{\bar{f}} & \bar{Y} \end{array}$$

1957年初，首届中国科学院科学奖公布了，这是今天国家三大奖的前身，共34项成果获奖，其中一等奖3项，即华罗庚的"典型域上的多复变函数论"，吴文俊的"示性类和示嵌类研究"和钱学森的"工程控制论"。吴先生的工作得到国际拓扑学界的公认，一等奖无异议。值得一提的是，他的获奖材料是八篇论文，这恰好是今天申报国家自然科学奖的论文数量。

华罗庚和钱学森那会儿已大名鼎鼎，而吴文俊在国内数学界知名度却不是很高。获奖两个月以后，他被增选为学部委员。在此前后，他多次随科学家代表团出访社会主义国家，包括罗马尼亚、保加利亚、苏联、民主德国、波兰。1957 年底，他结束了在民主德国的讲学，回到阔别六年的巴黎，导师埃瑞斯曼邀请他去巴黎大学讲学，他也回了母校斯特拉斯堡大学。

那次吴文俊去巴黎访问是有限制的，政府规定不能一个人行动，可法方又只邀请他，因此只好另想办法。刚好斯特拉斯堡有位中国留学生，就让他临时到巴黎，这样就是两个人了。吴先生在巴黎见到了老朋友安德烈·韦伊，这位数学天才也是布尔巴基学派的骨干，妹妹西蒙娜·韦伊是闻名世界的哲学家。

韦伊（见右图）也是中国数学家陈省身的老友，他曾为《陈省身文选》作序，在他自己的数论史著作的扉页上，则印着陈先生的手书"老马识途"四个字。如今赫赫有名的"朗兰兹纲领"就是在朗兰兹写给他的信中提出来的（1967）。韦伊常约吴文俊去小饭店吃饭闲聊，那时他的兴趣已转向数论史。或许，吴先生后来对数学史的兴趣也与他有关。

吴文俊的访问时间从原定的两个月延长到半年，他还写信申请再延长两个月，那样他就可以写成一部专著在法国出版，正好那年八月国际数学家大会在爱丁堡召开，组委会邀请他作 45 分钟报告，他是新中国继华罗庚之后第二个被邀请的数学家。可是，科学院外事局担心他滞留海外，不仅没有批准，反而催促其尽快回国。数学所也以所长华罗庚名义发去电报，要求法方敦促其回国。

　　那段时间吴文俊再次感到迷惘和徘徊，到底何去何从，最后还是祖国和家庭的吸引力更大。从那以后的 17 年间，吴文俊没有出过国。1968 年初，罗马尼亚科学院来函邀请他，作为"我们科学院的客人"出席那年秋天的"代数拓扑与代数几何"学术会议。在数学所上报中科院的行文中这样写道，"经我所革委会研究决定：吴不去参加这个会议，并由吴本人回信婉言谢绝"。

7

"赛马"与"吴龙"

1956 年，中央提出要"向科学进军"，这才有了首届科学奖。可是不久，"反右"运动铺天盖地而来，数学所也有指标。邵品踪教授从北大研究生毕业后，分配到数学所，参加华罗庚、王元、潘承洞的数论小组（陈景润于 1957 年秋天由厦门调入）。因"反右"有任务，领导看小邵人老实，找他谈话，请他帮忙先把指标完成，他答应后被下放到曲阜师范学院，直至晚年。

吴文俊因为人缘好、成就大，没有受太大影响。接下来的大跃进，所长华罗庚也不得不提出，10年内在12项数学问题上赶超美国，这则豪言刊载在《人民日报》上。可是，真正有国际水平的拓扑学等纯理论却不让搞了，又如何赶超？华罗庚去做优选法，吴文俊也被迫研究起运筹学。

经过一段时间摸索，他把目标确定为对策论，即博弈论，这是匈牙利大数学家冯·诺伊曼（见图）开创的学科。冯·诺伊曼研究的是合作对策，而纳什等诺贝尔经济学奖得主研究的是非合作对策。吴文俊感兴趣的是后者，在他的一篇科普文章里，他第一次对战国时期"田忌赛马"的故事给予对策论的解释，将其归纳为"两人有限零和对策"。

到了 1961 年，时局有了变化，多数"右派"摘帽了，中央提出"科研 14 条"，基础研究又受重视了。那年秋天，中国数学会在颐和园召开"龙王庙"会议，分别研讨数论、拓扑学和函数论三门学科。那会儿，解析数论因为有陈景润、王元和潘承洞的"哥德巴赫猜想"研究，正如火如荼，而拓扑学却是大大落后了，即便吴文俊开创的示嵌类理论也已经落后人家了。

关于摘掉右派分子帽子的决定

摘字 ■■ 号

根据 ■■ ■■ ■■■■ ■■ 号文件，

到 1964 年，开始"四清运动"，数学所人员分批下乡。接着，1966 年爆发了"文化大革命"。即便如此，1967 年数学所一次批判会上，坐在阅览室后排角落里的吴文俊，随手翻着杂志，无意中发现一篇讲集成电路的文章。那时没有计算机，在硅片（芯片）上布线并非易事。吴文俊发现，用他的示嵌类理论，可以解决这个问题。这件事又一次让他出了名，也给他提供了安全保障。

　　就这样，在短短十来年时间里，吴文俊更换了四五个研究方向，那样很难做出重要的成就。幸好 1958 年，中国科学院效仿苏联，在北京创办了中国科学技术大学，科学家们才纷纷做了园丁。华罗庚作为数学系主任，提出了"一头龙"教学，即由一位教授领衔主讲带一届学生，从一年级到五年级。三条龙分别由他本人、关肇直和吴文俊领衔，后来分别称为"华龙"、"关龙"和"吴龙"。

　　吴先生在科大除了教授微积分以外，还教过微分和代数几何。据"吴龙"班的学生、著名数学史家李文林回忆，吴先生讲课比较严谨，在黑板上，他一般先写上讲课要点：主要内容、定理、概念和思想，然后开始推导、演绎。他的板书也是有条不紊的，从左上角到右下角，之后自己把它擦掉重来。而华先生讲课的特点是比较活，板书也比较松散，经常是东边写一块西边写一块。

"吴龙"班最出色的学生之一是李邦河，他是温州人。后来继承了吴先生衣钵，成为拓扑学传人。在微分拓扑领域，李邦河发展了流形到流形的浸入理论，把浸入理论中的一个奠基性定理从最简单的流形推广到任意流形。令人惋惜的是，当初把李邦河推荐给吴先生的王启明后来不幸在美国因车祸去世，那是在 1989 年，驾驶座上的数学家丘成桐受了伤。王启明也是吴先生的弟子，曾担任中科院数学所代理副所长，吴老认为，如果不是英年早逝，王启明成为中国数学界领袖不成问题。

"四清"运动开始后，教学不得不中断。数学所第一支"四清"工作队去了吉林，第二支去了安徽，吴文俊也参加了。1965年夏天，他们抵达六安专区的苏家埠镇，那里傍依着淠河。吴文俊帮助生产队制作和填写报表，从前他当中学代课教师时干过。吃饭被派在老乡家，有空他就去镇上淘旧小说，自己看也借给别人看。不料有次被人喊住，当地农民还以为他是"空降特务"。

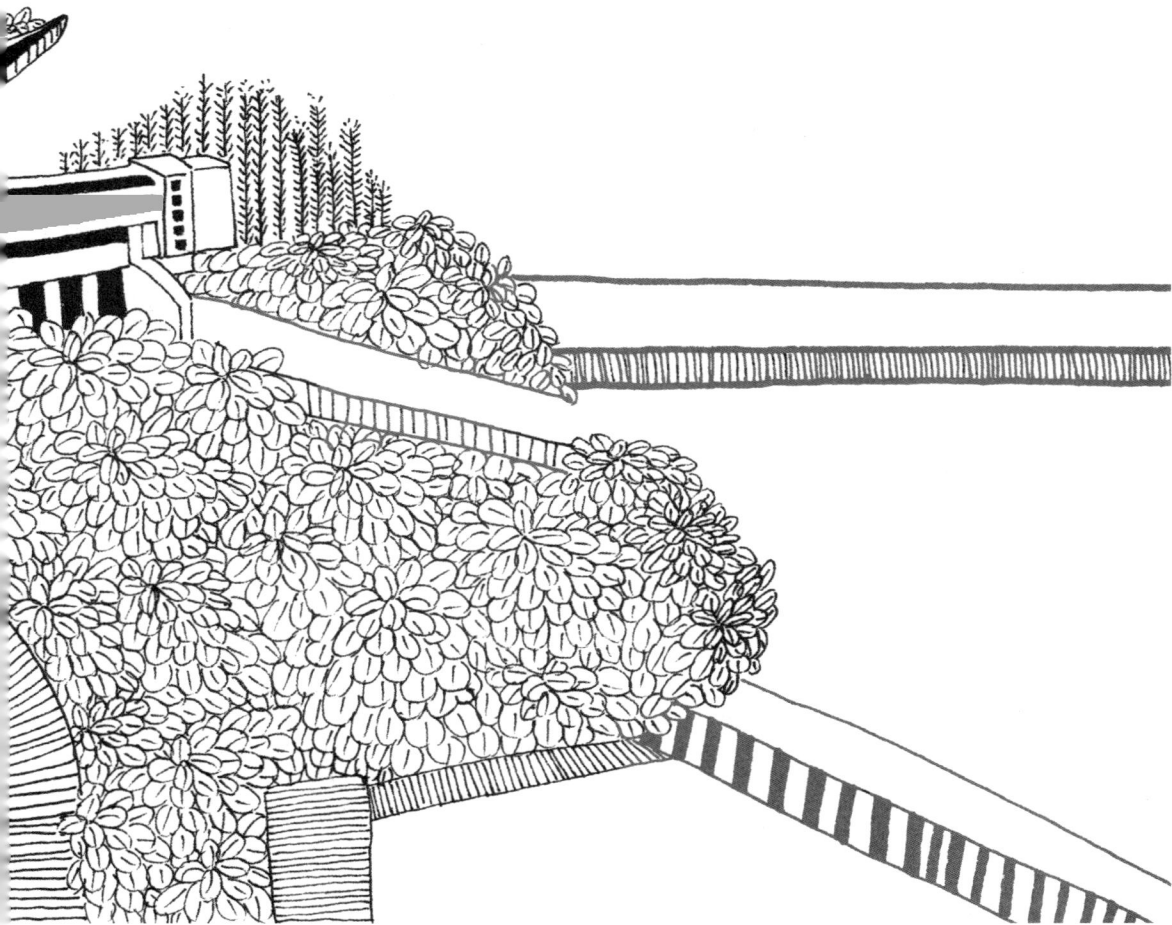

将近六个月后，数学家们被召回北京，因为"文革"开始了。先是"破四旧"，也就是抄家。吴家被抄过两次，第一次损失不大，只抄闲书，第二次就惨了，不过数学所的被抄物品都有登记，多数书籍后来还回了。因为害怕，许多书信被夫人烧了，尤其是留法期间的通信。再后来，专业书籍也被丢弃了，因为"学术权威"的住房越来越小，从四室一厅到三居室再到两居室。

那时，有严重腿疾的数学大师华罗庚不仅被抄家，还被多次挂牌批斗，被罚打扫数学所的厕所，这可能是因为他名气大，又喜欢批评人。而吴文俊性格温和、与世无争，没有被扣上"反动"的帽子，也没有"里通外国"，虽说他在法国留学多年，还曾"滞留不归"。

　　吴文俊也没有被关进"牛棚"，他甚至可以抽身，带着九岁的独生儿子，坐绿皮火车到南方"串联"了将近一个月。他们去了许多地方，包括杭州西湖，年轻时他曾在那里教过书。那是在1969年，爷俩在杭州的大街小巷里品尝了许多小吃，想必他们那时也进过知味馆或奎元馆什么的。

8

研究中国古代数学

　　"文革"后期，恰逢"批林批孔"运动，仍不能做学术研究，否则会被说成是走资产阶级学术道路。那会儿江青正领着搞复古倾向——穿唐装，作为数学所副所长的关肇直，适时出了个主意：研究中国古代数学。原本，吴文俊对古代数学并无多大兴趣，在关先生的鼓动下，他也借阅了几本书籍，首先是《九章算术》，书中的语言不好懂，有点像天书。

九章算術

之后，吴文俊读了数学史家李俨、钱宝琮的书，特别是钱先生的《中国数学史》，他是浙江大学数学系的创系主任。有一次，吴文俊在旧书店里淘到元代数学家朱世杰的《四元玉鉴》，还有两位数学史家——内蒙古师大的李迪和西北大学的李继闵对吴先生帮助也很大，尤其是李继闵对《九章算术》的系列解读和阐释，让他真正领会到中国古代数学的妙处。

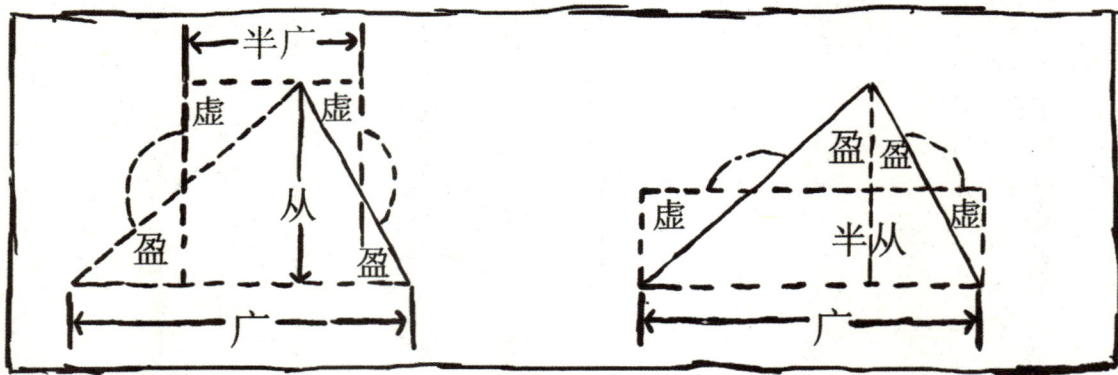

（《九章算术》中的一个几何问题）

李继闵（见右图）祖籍四川新津，父亲做过川军连长。他本人出生在江西九江，青少年时身强力壮，喜欢游泳，曾横渡长江。在成都念中学时他是学生会主席，毕业时却因出身问题未被名校录取。1958年，他进入西北大学数学系，本科期间便在教授指导下，写出函数论的研究论文，经华罗庚推荐，成为西北地区在《中国科学》杂志上发表数学论文第一人。

可是，大学毕业时，李继闵却因出身问题，留校不成，被分配去了西安夜大学。

"文革"期间，夜校解散，李继闵被下放到汉中勉县插队落户。1972年，他怀里揣着发表了的论文上访，被调回西安师范学校。1979年，在方毅副总理关怀下，他终于回到母校西北大学。之后，他在极端困难条件下开始数学史研究，取得引人瞩目的成就。

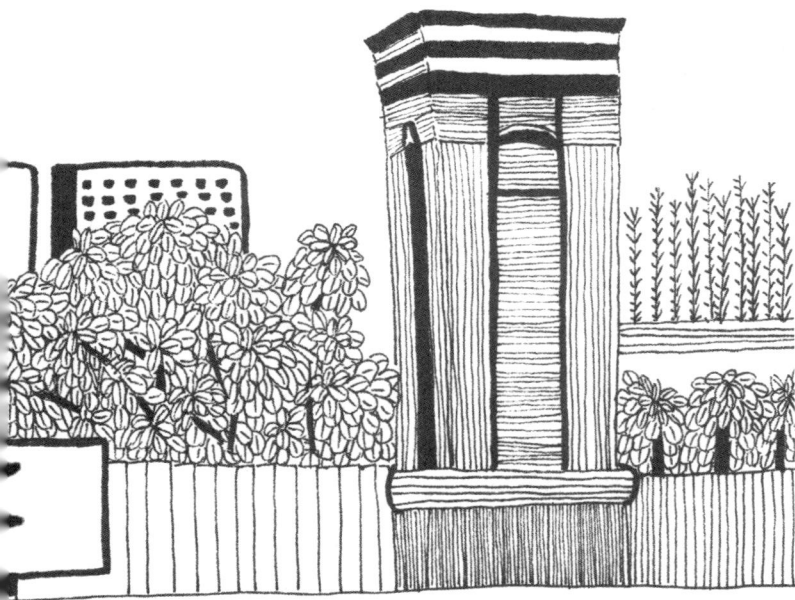

1977 年春夏之交，吴文俊去西安，进行为时近一个月的西北之旅，与李继闵相处多日，回京后手绘了一幅旅行图。吴先生认为李继闵是"继李俨、钱宝琮和严敦杰三老之后最有贡献者之一"，在他的支持和推荐下，西北大学有了高校第一个数学史博士点，李继闵却不幸英年早逝。2002 年，李继闵的学生曲安京应邀在北京国际数学家大会上作了 45 分钟报告。

　　吴文俊的第一次突破是复原日高公式的证明，这是三国时期两大数学家之一——吴国赵爽（率先给出勾股定理证明，另一个是魏国刘徽）注《周髀算经》的一篇，叫《日高图说》。说的是在洛阳的平地上竖立两根有刻度的杆，高度和相距已知，然后量它们在地上的影子，就可以测出太阳的高度。1975 年，吴文俊复原了两千多年前的证明，以"顾今用"的笔名在《数学学报》发表。

之后，吴文俊复原了刘徽《海岛算经》里"岛高"问题的证明。继《九章算术》后，中国古代数学的另一高峰是秦九韶的《数书九章》，他的大衍求一术（中国剩余定理）和增乘开方术（秦九韶算法）是中国数学的重要创造。他认为秦的方法在于其构造性和可机械化，他用小计算器即可按照秦的算法求出高次代数方程的解，而大衍求一术十分有效，远超西方人的方法，且条件较为宽松。

吴文俊认为,代数是中国古代数学中最有成就的部分,《九章算术》是算法大全,有着世界上最早的几何学、最古老的方程组和矩阵。《九章算术》中解方程的消元法比高斯更早,且已经有正负数的概念,甚至有了实数理论。他还认为证明定理并不特别重要,我们的祖先注重实际问题的解决,数据与数据之间必有某种联系,这种联系是通过方程式呈现的。

可以看出，吴文俊所指的中国古代数学是指17世纪以前的。自从微积分诞生以后，中国数学在计算方面也已明显落后于西方。吴先生从对中国古代数学的探究中获得启示，推动了他的数学机械化事业。也因为如此，他觉得当年回国的选择正确无疑。担任过北大副校长的化学家傅鹰（见图）先生曾说过："一门科学的历史是那门科学里最宝贵的一部分，因为科学只能给我们知识，而历史却给我们智慧。"

吴文俊还依据钱宝琮的观点，提炼出一幅"数学发展简图"，他认为西方数学有两个根源，一是从中国经由印度，二是从希腊经由阿拉伯。他认为祖先最伟大的数学发明是位值制，我们在商朝便有了正式的十进制，就像汉字是从商朝的甲骨文开始定型的。1986年，在美国加州伯克利召开的国际数学家大会上，吴文俊应邀作了《中国数学史的新研究》的特邀报告。

　　值得一提的是，"文革"后期，在美国总统理查德·尼克松首次访华前后，包括杨振宁、陈省身等在内的华人科学家纷纷回国，还有一些美国顶尖科学家也来到中国讲学。在这样的形势下，中国科学院数学与系统科学两个研究所和北大联合举办了微分几何讨论班，吴文俊恢复了对拓扑学的研究，且杀了一个漂亮的回马枪。

　　吴文俊提出了一种新的基本不变量，即 I* 量度，并引进了可计算性这一新概念，从而丰富了拓扑学的研究内容和技巧。这项成果后来由吴先生亲自执笔，德国著名的斯普林格出版社于 1987 年予以出版，且列入历史悠久的权威黄皮书"数学讲义丛书"（*Lecture Notes in Mathematics*）第 1264 号。

9

几何定理的新证明

　　每个人都有自己得意的事情，晚年吴先生回顾自己一生的成就，把拓扑学的工作只排在第三位，而把对中国古代数学的研究排在第二位。或许有人说，这是对策论的一种应用，因为他的拓扑学研究早已为世人所公认，且拓扑学也是数学中优雅和高深的代名词。无论如何，大家可以猜到，吴先生最引以自豪的是他晚年在数学机械化方面的研究，这方面的成就在他心目中是排在第一位的。

现在我们来谈谈关肇直，他是吴文俊最信任的同事和领导。关先生是天津人，毕业于燕京大学，曾与吴先生一起到法国留学。原本他是去瑞士学哲学的，结果却留在巴黎攻读数学。因关肇直是地下党员，新中国成立以后，没读完博士便启程回国。正是他，授意吴文俊发表陈景润的哥德巴赫猜想研究成果。1980 年，关肇直当选为学部委员。他长期担任数学所领导，同时在学术领域也成就斐然。

　　关肇直在数学所成立了控制论研究室，1979年又分出成立了系统科学研究所。系统所的成立是趁数学所所长华罗庚和书记吴新谋出国期间，由钱三强副院长来宣布的，关肇直、吴文俊分别任正副所长。华先生回国后，托人找吴文俊，希望他回到数学所，有专家更是认为机器证明是"离经叛道"。关肇直却支持他，放话"吴文俊想干什么就让他干什么"。

吴新谋是我国偏微分方程的奠基人，他与华罗庚同龄，江苏江阴人，早年毕业于中央大学，比关肇直、吴文俊更早留法。他娶了一位法国太太并带回中国，他们子女众多，其中一对双胞胎男孩名叫文北和文中。很自然，那个年代这对兄弟在中国科学院的科学家子弟中十分引人瞩目。

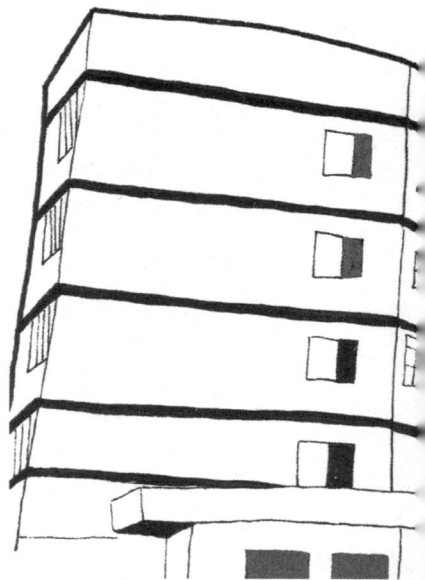

20世纪80年代，关肇直、华罗庚和吴新谋相继病故。1998年，数学所、系统所与同宗的应用数学所、计算数学所合并，成立了今天的中国科学院数学与系统科学研究院。函数论专家杨乐院士出任第一任院长，后来先后担任院长的是系统科学家郭雷院士和代数学家席南华院士。

早在 1971 年，便有所谓的"三个面向"，即面向工厂、农村和学校。吴文俊当过中学老师，故而主动要求去工厂。他来到北京无线电一厂，在那里第一次看到计算机。输几个数，按几个键，微分方程的解和曲线一下子就出来了，吴文俊深为震惊。其实，在计算机诞生不久的 1948 年，波兰人塔斯基就从理论上证明了，在初等代数和几何范围内，任意命题都可以用机械方法来判定。

1959 年，西南联大毕业的美籍华裔数学家王浩在 IBM 计算机上实现了怀特海和罗素《数学原理》中数百条逻辑命题的证明，用时仅三分种，从而首次验证了计算机进行定理证明的可行性，并且率先提出了"数学机械化"的概念。不过，几何定理的机器证明比起逻辑命题的机器证明要复杂许多。美国有很好的计算机，美国人尝试用塔斯基的方法做几何定理的机器证明，却一直没有成功。

吴文俊受笛卡尔思想的启发，通过引入坐标，把几何问题转化为代数问题，再把它机械化。一般来说，几何定理都是由假设推出结论。无论假设还是结论，在引入坐标以后，都可导出一组方程式，可分别称之为假设方程和结论方程。机器证明的要点在于，寻找假设方程的那些解，使得它们也是结论方程的解，并给出合理的几何解释。

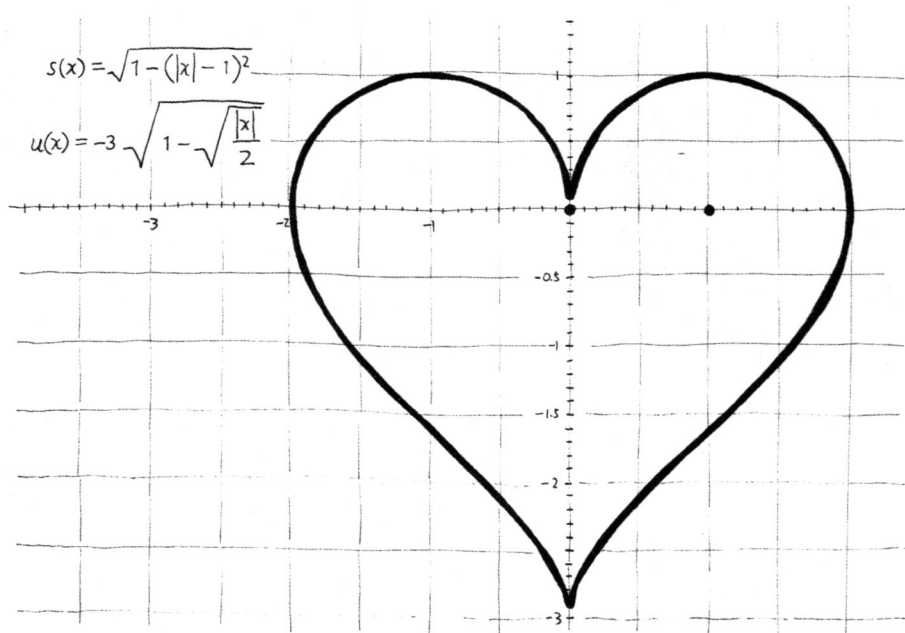

$$s(x) = \sqrt{1 - (|x| - 1)^2}$$

$$u(x) = -3\sqrt{1 - \sqrt{\frac{|x|}{2}}}$$

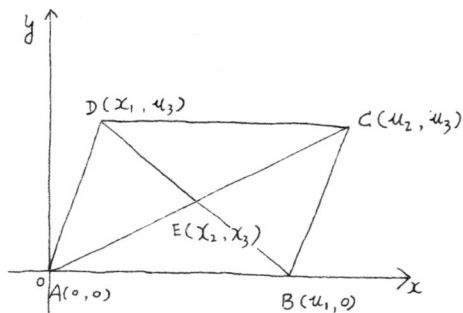

$$\begin{cases} f_1^{\bullet}(u_1, u_2, \cdots, u_n, x_1^{\bullet}) = 0, \\ f_2^{\bullet}(u_1, u_2, \cdots, u_n, x_1^{\bullet}, x_2^{\bullet}) = 0, \\ \cdots\cdots \\ f_m^{\bullet}(u_1, u_2, \cdots, u_n, x_1^{\bullet} x_2^{\bullet}, \cdots, x_m^{\bullet}) = 0_{\circ} \end{cases}$$

$$x_1^{\bullet}$$
$$x_1, x_2^{\bullet}$$
$$x_1, x_2^{\bullet}, x_3^{\bullet}$$
$$\cdots\cdots$$
$$x, x, \cdots, x_m^{\bullet}$$

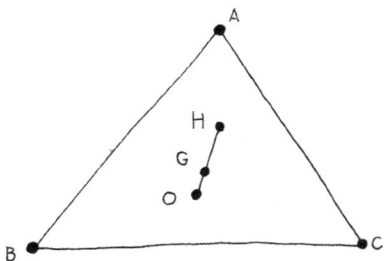

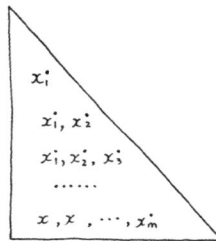

所谓几何定理机器证明的吴方法，是一种构造性的代数几何方法。经典代数几何研究多元多项式的零点，而现代代数几何则用抽象代数的技巧来解决与零点集合相关的几何问题。在交大念书时吴文俊读过印度人写的《代数几何》，他在科大开设了这门课，边学边教边研究。1977 年，吴文俊用手算验证了他用机器证明初等几何定理的方法！翌年，他又把这一方法用于微分几何的机器证明。

　　要证明更多的几何定理，自然需要计算机，且计算机性能越好，可以证明的几何定理就越多越深刻。吴文俊用的第一台计算机是意大利手摇计算机，随后有了一台国产的计算机，然后是访问数学所的老外赠送的袖珍计算器。再后来，他拥有一台美国产的计算机，那是用25000美元外汇买的。此事得益于早年留法的水声学家汪德昭院士，他告诉吴先生科学院李昌副院长何时何地会出现。

有了计算机以后，还得自己学会编程序。年近花甲的吴先生开始学做程序员，他学会了各种计算机语言，从最早的 Basic，到 Algol，再到 Fortran。20 世纪 80 年代刚有机房时，上机是要分配时间的。人们发现，那几年吴先生的上机时间在系统所遥遥领先。计算机汉字激光照排技术发明人王选院士曾回忆，有一年除夕的晚上，他在数学楼外散步，发现吴老还在机房上机。

吴方法成功了，许多定理一下子证出来了。吴老给科大博士生讲课时，有位计算机系的旁听生周咸青，他后来去了美国得克萨斯大学，那里的系主任做机器证明，可是不怎么成功。他给他们介绍吴方法，一试果然灵验，于是传遍美国。1990年，在国家科委支持下，成立了"数学机械化研究中心"，吴文俊出任主任，上头批了100万元。后来，"数学机械化与自动推理平台"成为首批国家"973项目"。

10

暮年：辉煌与宁静

2001年，吴文俊和"杂交水稻之父"袁隆平荣获首届国家最高科学技术奖。这既是他的成就应得，也是他高寿所至。那年吴老82岁，身体康健，他与袁老"套近乎"："农业与数学向来关系密切，数学是起源于农业的。"这的确是数学史常识，牧羊人计算牲口的只数产生了数学。在此以前，吴老先后荣获第三世界科学院奖、陈嘉庚奖、首届求是杰出科学家奖和法国厄布朗自动推理杰出成就奖。

　　2006 年，吴文俊又在香港领取了奖金 100 万美元的邵逸夫数学奖，这是最让他引以为傲的奖项之一。这个由宁波籍香港影视制作人邵逸夫先生设立的科学奖，被誉为"东方的诺贝尔奖"，三个奖项中有两项是诺贝尔奖没有的，即数学和天文学。据说是杨振宁先生想出来的，他是这个奖的设计师。数学方面，2004 年第一届和 2005 年第二届评委会主席都由杨振宁邀请吴文俊担任。

邵逸夫数学奖的第一届获奖者是陈省身，第二届获奖者是证明费尔马大定理的英国人怀尔斯。第三届评委会主席是出生于黎巴嫩的英国数学家阿蒂亚，评委由来自中、美、日、俄的四位数学家担任。获奖人是吴文俊和美国数学家芒福德（见图左一），他们都从传统的数学——代数几何和拓扑学出发，转向与计算机相关的新领域，"代表了未来数学的发展方向，也为数学家的将来提供了一个新的行为模式"。

从 1979 年开始，吴文俊又频频出访讲学，足迹遍及美国、加拿大、东西德、意大利、瑞士、韩国、新加坡、澳大利亚等国。他也曾数度返回巴黎和斯特拉斯堡，与昔日的导师、同学和朋友重聚。1996 年冬天，吴老应邀参加了台湾的一个数学年会。那次笔者也有幸受邀，与吴老一同出席，且我们是仅有的两位大陆同行。吴老平易近人，我们几次私下里聊天，并一起游览了日月潭。

翌年，笔者以"数学与艺术"为题申报霍英东青年教师基金，打电话请吴老写推荐信，他居然同意了。记得吴老的信是用蓝墨水写的，大意是数学与艺术本有许多关联，人们却通常视而不见，现在蔡同学大胆"杀"出一条路，值得支持云云。遗憾的是申请没有成功，笔者后来也没有再见到吴老。20年以后，教育部设立科普著作专项基金，此项目终获成功，也算可以告慰吴老先生了。

　　1984 年，吴文俊出任中国数学会理事长。他促成中国数学会加入国际数学联盟，同时并没有排斥台北数学会，而是两者作为一个整体——中国。吴先生还借中国数学会成立 50 周年之际，邀请巴黎的导师嘉当访华，并陪他游览西湖，他认为自己机器证明的思想最初来自于导师。当年听导师讲课时他不太听得懂，但每次讲到一定的时候，就"机械化"了，一步一步地，非常刻板。

卸任之前，吴文俊帮助确立了理事长一职不得连任的制度，这个传统延续至今。2002 年，国际数学家大会在北京召开，吴先生担任大会主席，在开幕式上他引用了拿破仑的一句话："数学的发展与国家的繁荣密切相关。"吴老与电影《美丽心灵》的原型约翰·纳什作了公众报告，他演讲的题目是《中国古代数学的实数系统》。2001 年，他还拿出奖金 100 万元，建立了"数学与天文丝路基金"。

　　作为数学天元基金学术领导小组组长，吴先生非常重视应用。他力主把金融数学作为优先资助的研究领域，这方面的领军人物彭实戈（见图）教授如今已赫赫有名。在数学机械化的应用方面，则首先选择了数控机床，从并联到串联，在机床里嵌入核心算法，以此提高效率。这也是计算机辅助设计的机械化，已在国内外得到推广。这方面，吴先生有几位弟子做得很好，例如高小山，可以说吴老有了接班人。

在高小山教授看来，广义的数学机械化就是把数学问题用计算机来实现，通过计算机来做数学。吴先生做的是代数机械化，虽说还有拓扑机械化、代数几何机械化等等，但是那个很难。目前国际上最成功的是数论机械化，也称计算数论，后者最直接的应用是密码学。依照笔者的研究经验，计算机之于数论学家，就如同望远镜之于天文学家。

吴老拥有一颗顽童的心。1979 年，60 岁的他在美国还想坐灰狗巴士横穿美洲大陆；1997 年，78 岁的他在澳大利亚让一条蛇缠绕在自己身上；2002 年，83 岁的他在泰国骑在大象的鼻子上微笑。与此同时，吴老喜欢安静，爱看闲书和电影。90 多岁时，他曾趁家人不注意，独自一人打车去商场看电影，看完以后再跑到星巴克喝咖啡。

勇攀高峰
再创辉煌

敬贺上海交通大学
110周年校庆

吴文俊

二〇〇六.四.二

有一个故事，一次吴老因打不到车，拦住所里一位年轻同事的座驾，请求带他去电影院。与吴先生共事多年的国家基金委许忠勤教授认为："无论做学问还是做人，吴先生都是做得最好的。他是中国数学界的榜样。"北京大学教授程民德先生讲过，"吴文俊这个人大智若愚"。对此南开大学胡国定教授表示赞同："他是有大智慧的人，表面上总说自己不懂啊，不清楚。其实很多事情他清楚得很，很明白。"

其实，吴先生也是非常懂得感恩的人。正因为如此，他才是有福之人，每逢人生的关键时刻，总会遇到朋友或贵人指点、相助。在如此复杂多变的形势下，他安然度过了漫长的一生。而每当有人说他是天才，吴先生都会报之一笑，说自己是一个笨人，同时补充道，数学原本就是笨人学的。